QUI S'HA ENDUT EL MEU FORMATGE?

Spencer Johnson

Qui s'ha endut el meu formatge?

Una manera sorprenent d'afrontar el canvi en el treball i en la vida privada

EMPRESA ACTIVA

Argentina - Colòmbia - Espanya
Estats Units - Mèxic - Veneçuela - Xile

Títol original: *Who Moved My Cheese?*
Editor original: G. P. Putnam's Sons, Nova York
Traducció: Montserrat Torné

Aribau, 142, pral. - 08036 Barcelona
www.empresaactiva.com
www.edicionesurano.com

ISBN: 84-95787-97-0
Dipòsit legal: B - 15.160 - 2006

Fotocomposició: Edicions Urano, S. A.
Imprès per Romanyà-Valls, S. A. - Verdaguer, 1 - 08786 Capellades, (Barcelona)

Imprès a Espanya - *Printed in Spain*

Dedicat al meu amic
el doctor Kenneth Blanchard,
perquè el seu entusiasme per aquesta història
em va animar a fer-ne un llibre
i perquè el seu ajut ha permès que arribi
a tantíssimes persones.

Els plans més ben traçats
dels ratolins i de les persones
sovint es torcen.

ROBERT BURNS, 1759-1796

La vida no és un corredor recte i fàcil
pel qual viatgem lliures i sense obstacles,
sinó un laberint de passatges,
en el qual hem de trobar el nostre camí,
perduts i confosos, atrapats un cop i un altre
en un carreró sense sortida.

Però, si tenim fe,
sempre se'ns obrirà una porta que,
encara que potser no sigui
la que voldríem,
al final serà bona per a nosaltres.

A. J. CRONIN

El fenomen de
Qui s'ha endut el meu formatge?

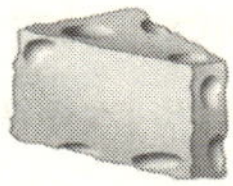

El Dr. Spencer Johnson va crear el relat *Qui s'ha endut el meu formatge?* com una eina d'ajuda per superar un canvi díficil a la seva vida. Aquest relat li va mostrar com prendre's el canvi seriosament sense prendre's ell mateix d'una manera massa seriosa.

Quan els seus amic es van adonar de la millora en la seva vida i li van preguntar a què es devia, ell els va explicar la història del formatge. Alguns van afirmar anys més tard que sentir aquest relat els havia ajudat a tenir sentit de l'humor, a canviar i a millorar. Ken Blanchard, que va crear amb ell *El ejecutivo al minuto*, el va animar a escriure la història i a compartir-la amb tothom.

Vint anys després de la invenció del relat, es va publicar *Qui s'ha endut el meu formatge?* Ben aviat es va convertir en un *best seller* amb un milió d'exemplars venuts durant els primers setze mesos i prop de deu milions d'exemplars en els dos anys posteriors.

Els lectors expliquen que la lectura de la història els ha ajudat a millorar la carrera professional, el negoci, la salut i el matrimoni. La història del formatge ha arribat a les llars, a les empreses, a les escoles, a les esglésies, a l'Exèrcit i a l'esport. S'ha estès per tot el món en moltes llengües diferents; el seu interès és universal.

La crítica, però, no acaba d'entendre per què la gent la troba tan valuosa. Els crítics afirmen que la història és tan simple que fins i tot un nen podria entendre-la, que insulta la seva intel·ligència i que bàsicament tot plegat és una qüestió de sentit comú. No entenen res en absolut més enllà de la història. Alguns crítics, fins i tot, temen que el llibre suggereixi que qualsevol canvi és bo, i tothom hauria d'acceptar sense pensar els canvis innecessaris imposats pels altres, encara que tot això no aparegui en el relat.

L'autor ha afirmat que tant els lectors com la crítica tenen raó a la seva manera. No importa el que apareix o no en el relat *Qui s'ha endut el meu formatge?*: el que dóna valor a la història és com s'interpreta i com s'aplica a la situació de cadascú.

Esperem que la manera en què interpreteu la història *Qui s'ha endut el meu formatge?* i la porteu a la pràctica en la vostra vida us ajudi a trobar i a gaudir del «nou formatge» que us mereixeu.

Índex

Les parts que tots tenim 15

La història que hi ha rere el conte
per Kenneth Blanchard 17

La reunió: Chicago 27

El conte:
Qui s'ha endut el meu formatge? . . . 31
Quatre personatges
La troballa del formatge
No hi ha formatge!
Els ratolins: l'Ensum i l'Esmuny
Les personetes: en Hem i en Haw
Mentrestant, de nou al laberint
Deixar enrere les pors
Gaudir de l'aventura
Moure's quan es mou el formatge
Les frases escrites a la paret
Tastar el nou formatge
Gaudir del canvi!

El debat: Aquell mateix dia, més tard . . 87

LES PARTS QUE TOTS TENIM

Les simples i les complexes

Els quatre personatges imaginaris descrits en aquest conte —els ratolins Ensum i Esmuny i les personetes Hem i Haw— representen les parts simples i complexes que tots tenim, independentment de la nostra edat, el nostre sexe, la nostra raça o la nostra nacionalitat.

De vegades podem actuar com
l'***Ensum,***
que ensuma el canvi que s'acosta, o com
l'***Esmuny,***
que s'esmuny i entra en acció ràpidament, o com
en ***Hem,***
que es nega a acceptar el canvi i s'hi resisteix, perquè tem que condueixi a una situació pitjor, o com
en ***Haw,***
que aprèn a adaptar-se al canvi a temps, quan veu que condueix a una situació molt millor.

Qualsevulla que sigui la part nostra que escollim de fer servir, tots tenim una cosa en comú: la necessitat de trobar el nostre camí al laberint i de tenir èxit en aquests temps canviants.

La història que hi ha rere el conte

Kenneth Blanchard

Em fa molta il·lusió poder explicar-te «la història que hi ha rere el conte» titulat *Qui s'ha endut el meu formatge?*, perquè això significa que el llibre ja s'ha escrit i que tots en podem disposar per llegir-lo, gaudir-ne i comentar-lo amb altres persones.

Això és una cosa que havia desitjat que passés des de la primera vegada que vaig escoltar com Spencer Johnson explicava el fantàstic conte del «formatge», ja fa anys, abans que escrivíssim junts el llibre *The One Minute Manager.**

Recordo que vaig pensar que era un conte molt bo i que em resultaria molt útil a partir d'aleshores.

Qui s'ha endut el meu formatge? és un conte que tracta del canvi que s'esdevé en un laberint on quatre divertits personatges bus-

* *El ejecutivo al minuto*, Grijalbo, Barcelona, 1995.

quen «formatge». El formatge és una metàfora del que volem aconseguir a la vida, ja sigui una feina, una relació amorosa, diners, una gran casa, llibertat, salut, reconeixement, pau espiritual o fins i tot una activitat física com córrer o jugar al golf.

Per a cadascú de nosaltres, el formatge representa una cosa diferent; és allò que cerquem perquè creiem que ens farà feliços. Si ho aconseguim, sovint ens hi aferrem, i si ho perdem o ens ho prenen, l'experiència pot ser realment traumàtica.

El «laberint» del conte representa el lloc on passem el temps buscant allò que desitgem. Pot ser l'empresa on treballem, la comunitat on vivim o les relacions que mantenim en la nostra vida.

En les conferències que dono per tot el món, explico el conte del formatge, i molts cops la gent em diu que els ha canviat la vida.

Tant si us ho creieu com si no, aquest conte ha salvat carreres, matrimonis i fins i tot vides.

Un dels molts exemples reals d'això és el de Charlie Jones, l'apreciat locutor de la cadena de televisió NBC, que va confessar que escoltar el conte *Qui s'ha endut el meu formatge?* li va salvar la carrera. Encara que la feina de locutor no és gens habitual, els principis que ell va aprendre els pot fer servir qualsevol persona.

Vet aquí el que va passar: En Charlie s'havia esforçat molt i havia fet una bona feina retransmetent les proves d'atletisme d'uns Jocs Olímpics, per la qual cosa es va quedar molt sorprès i es va enfadar moltíssim quan el seu cap li va dir que, en lloc de continuar retransmetent aquesta especialitat esportiva, als següents Jocs Olímpics s'encarregaria de les proves de natació i salts de trampolí.

Com que no coneixia tan bé aquests altres esports, es va sentir frustrat. I el fet que no se li hagués reconegut que havia fet una bona feina el va fer enrabiar. Li semblava injust, i la ràbia que sentia va començar a afectar tot el que feia.

Aleshores li van explicar el conte *Qui s'ha endut el meu formatge?*

Després d'escoltar-lo, es va riure d'ell mateix i va canviar d'actitud. Es va adonar que l'únic que havia passat era que el seu cap «li havia canviat de lloc el formatge», i ell es va adaptar a la nova situació. Va aprendre les normes d'aquells dos esports, i mentre ho feia, va descobrir que dedicar-se a una cosa nova el rejovenia.

El seu cap no va trigar a reconèixer la seva nova actitud i la seva energia i a encarregar-li tasques més importants. En Charlie va tenir més èxit que mai i es va crear una excel·lent reputació com a comentarista.

Aquesta només és una de les innombrables històries reals que he escoltat sobre l'impacte que aquest conte ha tingut en moltes persones, en tots els àmbits de la seva vida, des del professional fins a l'amorós.

Tinc tanta fe en el poder de *Qui s'ha endut el meu formatge?* que fa poc temps vaig regalar un exemplar d'una edició prèvia d'aquest llibre a totes les persones (unes duescentes) que treballen a la nostra empresa. Per què?

Perquè, com tota empresa que aspiri no només a sobreviure, sinó també a ser competitiva, The Ken Blanchard Companies ha de canviar constantment, donat que ens canvien de lloc «el formatge» sense parar. Mentre que en el passat volíem treballadors lleials, avui ens calen persones flexibles que no siguin possessives amb «la manera de fer les coses aquí».

Tanmateix, com tots sabem, viure enmig d'un fort corrent de canvis, que s'esdevenen contínuament al treball o a la vida privada, pot provocar molt d'estrès, llevat que la persona tingui una manera de veure el canvi que l'ajudi a comprendre'l. I aquí és precisament on entra en escena el conte del formatge.

Quan vaig parlar d'aquest conte amb la gent de l'empresa, i després, quan el van llegir, gairebé es podia veure com s'anaven desprenent de l'energia negativa. Una rere l'altra, totes les persones de tots els departaments em van donar les gràcies pel llibre i em van dir que els havia ajudat molt a mirar des d'una perspectiva diferent els canvis que es produïen a la nostra empresa. Aquesta breu paràbola es llegeix en molt poc temps, però el seu impacte pot ser molt profund.

El llibre està dividit en tres parts. A la primera, «La reunió», uns antics companys d'institut parlen de com afronten els canvis que es produeixen en les seves respectives vides.

La segona part és el conte en sí, i constitueix el nucli del llibre. Hi veuràs que els dos ratolins actuen millor a l'hora d'enfrontar-se al canvi perquè mantenen les coses simples, mentre que les dues personetes, amb el seu complex cervell i les seves emocions humanes, compliquen les coses. Això no vol dir que els ratolins siguin més llestos. Tothom sap que els éssers humans som més intel·ligents que els ratolins. Tanmateix, a mesura que vagis veient el que fan els quatre personatges, i comprenguis que tant els ratolins com les personetes representen parts de nosaltres mateixos —les simples i les complexes—, t'adonaràs que pot ser molt avantatjós utilitzar mètodes simples quan les coses canvien.

A la tercera part, «El debat», els antics companys d'institut comenten el que ha significat el conte per a cadascun d'ells, i com el faran servir en la seva feina i en la seva vida privada.

Alguns dels lectors de l'edició prèvia d'aquest llibre van decidir aturar-se al final del conte i no llegir «El debat», per fer la seva pròpia interpretació del significat de la història sense interferències alienes. D'altres van gaudir llegint aquesta tercera part del llibre, perquè els va incitar a pensar com aplicar allò que els havia ensenyat el conte a la seva pròpia situació.

En qualsevol cas, espero que cada cop que rellegeixis *Qui s'ha endut el meu formatge?* hi trobis alguna cosa nova i útil, tal com em passa a mi, i que això t'ajudi a afrontar el canvi i tenir èxit, sigui el que sigui el que l'èxit signifiqui per tu.

Et desitjo el millor, i espero que gaudeixis plenament del que descobreixis en aquest llibre. Recorda: Mou-te quan es mogui el formatge!

KEN BLANCHARD

San Diego, Califòrnia

Qui s'ha endut el meu formatge?

La reunió
Chicago

Un assolellat diumenge, a Chicago, homes i dones que havien anat junts a l'institut i havien estat bons amics, es van reunir per dinar després d'haver assistit a una reunió d'antics alumnes la nit anterior. Volien saber com els havia anat la vida a cadascun d'ells. Després d'haver-se fet moltes bromes i d'haver gaudit d'un bon àpat, van entaular una interessant conversa.

L'Angela, que havia estat una de les persones més populars de la classe, va dir:

—La vida ha seguit un camí molt diferent del que jo creia que seguiria quan anàvem a l'institut. Moltes coses han canviat.

—És cert —va contestar en Nathan.

Tots sabien que en Nathan havia continuat el negoci familiar, que funcionava com sempre ho havia fet, i que, des que ells ho recordaven, estava ben integrat en la comunitat. Per això els va sorprendre veure'l tan preocupat. En Nathan va prosseguir:

—Us heu adonat que quan les coses canvien nosaltres no volem canviar?

—Suposo que ens resistim al canvi perquè ens fa por —va dir en Carlos.

—Tu eres el capità de l'equip de futbol, Carlos —va dir la Jessica—. Mai no m'hauria imaginat que algun dia et sentiria a parlar de tenir por.

Tots es van posar a riure en comprendre que, encara que havien pres direccions diferents (des de ser mestressa de casa fins a treballar d'executiu en una gran empresa), els seus sentiments eren molt semblants.

Cadascun d'ells intentava afrontar els canvis inesperats que es produïen a la seva vida des de feia uns anys. I gairebé tots van admetre que no havien trobat una bona manera de fer-ho.

—A mi també em feien por els canvis —va dir en Michael—. Quan es va produir un gran canvi a la nostra empresa, no vam saber quina actitud prendre. Vam continuar fent les coses com sempre i gairebé vam fer fallida. Però aleshores em van explicar un conte que ho va canviar tot.

—De debò? —va preguntar en Nathan.

—Sí. El conte va transformar la meva manera de veure els canvis, tant si perdia alguna cosa com si la guanyava, i em va ensenyar com m'hi havia d'enfrontar. A partir d'aleshores les coses van millorar ràpidament, a la feina i a la meva vida privada.

»Primer em va irritar la simplicitat d'aquell conte, tan òbvia, perquè em semblava que era una cosa que em podrien haver ensenyat a l'escola.

»Llavors vaig comprendre que en realitat estava irritat amb mi mateix, per no haver vist el que era obvi i no haver fet el que calia quan les coses van canviar.

»Tan bon punt vaig comprendre que els quatre personatges del conte representaven diferents parts de mi mateix, vaig decidir actuar en conseqüència i vaig canviar.

»Més endavant, vaig explicar el conte a alguns dels meus companys de l'empresa, i ells el van explicar a d'altres persones, i de seguida les coses van començar a funcionar molt millor, perquè la majoria de nosaltres ens adaptàvem amb més facilitat als canvis. I igual que jo, molts dels meus companys de feina deien que el conte els ajudava també en la seva vida privada.

»Tanmateix, algunes persones, molt poques, deien que no n'havien tret cap profit. N'hi havia que se sabien les lliçons i les havien posat en pràctica, però el més normal era que pensessin que ja ho sabien tot i no volguessin aprendre-les. Si ho haguessin fet, haurien pogut veure per què tanta gent se'n beneficiava.

»Quan un dels nostres executius més grans, que solen tenir dificultats per adaptar-se als canvis, va dir que per ell el conte era una pèrdua de temps, altres executius més joves li van respondre que la seva actitud corresponia a un dels personatges del conte: el que no aprèn res de nou i, per tant, no canvia.

—I quin conte és? —va preguntar l'Angela.

—Es titula *Qui s'ha endut el meu formatge?*

Tots es van posar a riure.

—M'agradaria escoltar-lo —va dir en Carlos—. Per què no ens l'expliques? Potser nosaltres també en podríem treure algun profit.

—I tant que sí! —va contestar en Michael—. M'agradarà molt. No és gaire llarg.

I en Michael va començar a explicar el conte.

El conte

Vet aquí que una vegada, en un país molt llunyà, hi vivien quatre personatges. Tots corrien per un laberint a la recerca del formatge que constituïa el seu aliment i els feia feliços.

Dos d'aquests personatges eren ratolins i es deien Ensum i Esmuny, i els altres dos eren personetes, uns éssers de la grandària d'un ratolí però que tenien un aspecte i una manera de fer molt semblants als dels éssers humans d'avui en dia. Es deien Hem i Haw.

A causa de la seva mida tan petita, resultava difícil veure què feien, però si t'hi acostaves, descobries coses realment sorprenents.

Tant els ratolins com les personetes es passaven tot el dia al laberint buscant el seu formatge preferit.

L'Ensum i l'Esmuny, els ratolins, només disposaven d'un cervell simple de rosegadors, però tenien molt bon instint i buscaven el formatge sec i fort que tant agrada als ratolins.

En Hem i en Haw, les personetes, feien servir el seu cervell, ple d'un munt de creences i emocions, per cercar un tipus molt diferent de Formatge —amb majúscula—, que ells creien que els faria feliços i triomfadors.

A desgrat de ser tan diferents, els ratolins i les personetes tenien una cosa en comú: cada matí, es posaven el xandall i les sabatilles esportives, sortien de la seva caseta i es dirigien corrents cap al laberint a la recerca del seu formatge preferit.

El laberint era ple de passadissos i cambres, en alguns dels quals hi havia un formatge deliciós. Però també tenia racons foscos i carrerons sense sortida que no duien enlloc. Era un lloc en el qual resultava molt fàcil perdre's.

Tanmateix, per als qui trobaven el bon camí, el laberint guardava secrets que els permetien gaudir d'una vida millor.

L'Ensum i l'Esmuny, els ratolins, feien servir el simple mètode del tempteig per trobar el formatge. Recorrien un passadís i, si estava buit, tornaven enrere i en recorrien un altre. Recordaven a quins passadissos no hi havia formatge i ràpidament es posaven a buscar en altres zones.

L'Ensum ensumava l'aire amb el seu gran nas per esbrinar en quina direcció calia anar per trobar el formatge, i l'Esmuny s'esmunyia a corre-cuita cap allà. Com us podeu imaginar, es perdien, feien moltes voltes inútils i sovint xocaven amb les parets. Però al cap de poc temps, van trobar el bon camí.

Igual com els ratolins, les dues personetes, en Hem i en Haw, també feien servir la seva capacitat de pensar i aprendre de les experiències passades. Tanmateix, es refiaven del seu complex cervell per desenvolupar mètodes més sofisticats de trobar el formatge.

De vegades, la cosa sortia bé, però d'altres, les seves intenses creences i emocions humanes els dominaven i els confonien fins que no veien res clar. Això els feia la vida al laberint més complicada i desafiadora.

No obstant això, tots ells (l'Ensum, l'Esmuny, en Hem i en Haw) van descobrir, cadascun a la seva manera, el que buscaven. Un dia, van trobar el seu tipus preferit de formatge al final d'un dels passadissos, a la Central Formatgera F.

A partir d'aleshores, cada matí els ratolins i les personetes es posaven el xandall i les sabatilles esportives i es dirigien a la Central Formatgera F. Al cap de poc temps, allò s'havia convertit en una rutina per als nostres quatre personatges.

L'Ensum i l'Esmuny es continuaven despertant molt d'hora al matí, i corrien pel laberint seguint sempre el mateix camí.

Quan arribaven a la seva destinació, es treien les sabatilles esportives i se les penjaven del coll per poder-se-les tornar a posar ràpidament tan bon punt els calgués. Després, es dedicaven a gaudir del formatge.

Al començament, les personetes també anaven corrents cada matí a la Central Formatgera F per fruir de les saboroses queixalades que els hi esperaven.

Però, al cap d'un temps, van establir una rutina diferent.

En Hem i en Haw cada dia es despertaven més tard, es vestien més a poc a poc i anaven caminant cap a la Central Formatgera F. Al cap i a la fi, ja sabien on era el formatge i com arribar-hi.

No tenien ni la més petita idea d'on provenia aquell formatge ni sabien qui el posava allà. Simplement suposaven que cada dia hi seria.

Quan en Hem i en Haw arribaven a la Central Formatgera F cada matí, es posaven còmodes, com si fossin a casa. Penjaven els xandalls, guardaven les sabatilles esportives i es ficaven les sabatilles d'estar per casa. Se sentien cada cop més a gust ara que ja havien trobat el formatge.

—Això és fantàstic —va dir en Hem—. Aquí hi ha prou formatge perquè ens duri tota la vida.

Les personetes se sentien felices i triomfadores, i pensaven que el seu futur estava assegurat.

No van trigar a considerar que el formatge que havien trobat a la Central Formatgera F era *seu*. I n'hi havia tant d'emmagatzemat, que al capdavall es van traslladar a viure ben a prop de la central, al voltant de la qual desenvolupaven la seva vida social.

Per sentir-s'hi més com a casa, en Hem i en Haw van decorar-ne les parets amb frases i fins i tot hi van dibuixar trossos de formatge que els feien somriure. Una de les frases deia:

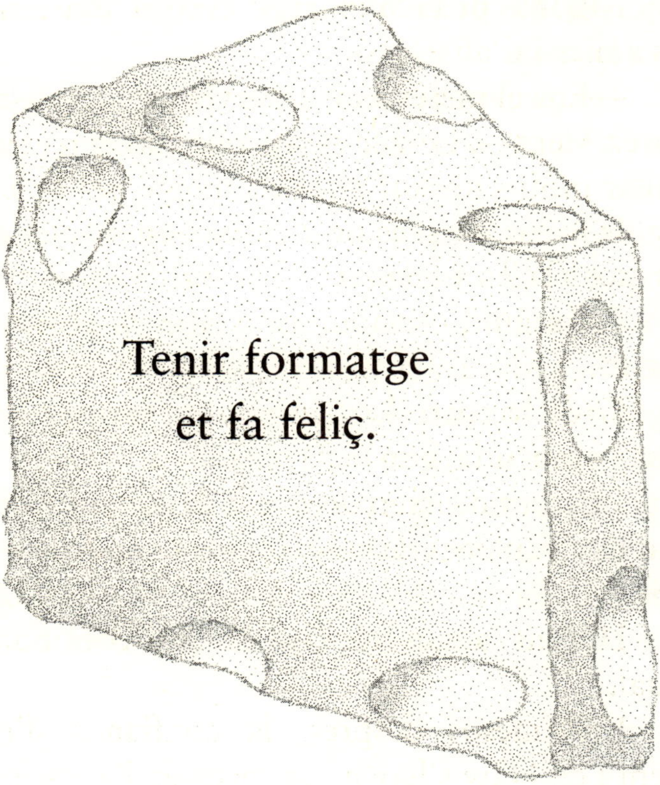
Tenir formatge
et fa feliç.

De vegades, en Hem i en Haw duien els seus amics a veure la pila de formatge que hi havia a la Central Formatgera F, i l'assenyalaven amb orgull tot dient:

—Fa de bon mirar, aquest Formatge, oi?

Alguns cops compartien el formatge amb els amics i d'altres no.

—Ens el mereixem, aquest formatge —va dir en Hem—. Francament, vam haver de treballar molt i durant molt de temps per aconseguir-lo —i després de dir això, en va agafar un tros i se'l va menjar.

Tot seguit, es va adormir, com li passava sovint.

Cada vespre, les personetes tornaven a casa, amb una bona càrrega de formatge, i cada matí es dirigien de nou a la Central Formatgera F, plenes de confiança, per endur-se'n més.

Durant algun temps, tot va continuar igual.

Uns mesos després, la confiança d'en Hem i en Haw s'havia convertit en l'arrogància de l'èxit. Se sentien tan còmodes en aquella situació que no es van adonar del que passava.

El temps trancorria, i l'Ensum i l'Esmuny seguien la seva rutina de sempre. Arribaven cada matí, ben d'hora, a la Central Formatgera F, i ensumaven, furgaven i s'esmunyien d'un cantó a l'altre, tot inspeccionant la zona per veure si hi havia hagut canvis des del dia anterior. Després s'asseien per rosegar el formatge.

Un matí, van arribar a la Central Formatgera F i van descobrir que ja no hi havia formatge.

Això no els va sorprendre. Com que s'havien adonat que les existències de formatge anaven disminuint de mica en mica, l'Ensum i l'Esmuny estaven preparats per a l'inevitable i sabien instintivament el que havien de fer.

Es van mirar l'un a l'altre, van agafar les sabatilles esportives que duien penjades del coll, se les van posar i se les van cordar.

Els ratolins no analitzen profundament les coses, i tampoc no tenen complicats sistemes de creences.

Per a l'Ensum i l'Esmuny, tant el problema com la solució eren simples. La situació a la Central Formatgera F havia canviat. Per tant, ells van decidir que també canviarien.

Tots dos es van posar a observar el laberint. L'Ensum va aixecar el nas, va ensumar i va fer que sí amb el cap; aleshores l'Esmuny es va esmunyir ràpidament pel laberint, i l'Ensum el va seguir tan de pressa com podia.

Sense pèrdua de temps, s'havien posat a buscar més formatge.

Aquell mateix dia, més tard, en Hem i en Haw van arribar a la Central Formatgera F. Ells no s'havien adonat dels petits canvis que s'anaven produint cada dia, i per tant, donaven per descomptat que hi trobarien formatge.

No estaven en absolut preparats per al que es van trobar.

—Què hi passa aquí? No hi ha formatge? —va dir cridant en Hem—. No hi ha formatge? —va repetir amb el mateix to de veu, com si cridant pogués aconseguir que algú li retornés el formatge—. Qui s'ha endut el meu formatge? —va bramar indignat, i finalment, amb les mans als malucs i la cara vermella, va xisclar—: Això no és just!

En Haw només movia el cap en un gest d'incredulitat. Ell també havia donat per descomptat que hi trobarien formatge, a la Central Formatgera F, i el xoc l'havia deixat glaçat. Ell tampoc no estava preparat per a allò.

En Hem deia alguna cosa cridant, però en Haw no el volia escoltar. No tenia gens de ganes d'enfrontar-se al que tenia al davant, de manera que es va desconnectar de la realitat.

La conducta de les personetes no era

agradable ni productiva, però era comprensible.

Trobar formatge no els havia estat fàcil, i això significava molt més per a en Hem i en Haw que el simple fet de tenir-ne prou per a menjar-ne cada dia.

Per a les personetes, trobar formatge era la manera d'obtenir el que pensaven que els calia per a ser felices. Cadascuna tenia la seva pròpia idea del que significava el formatge, depenent dels seus gustos.

Per a algunes, significava posseir coses materials. Per a d'altres, tenir bona salut o assolir una sensació de benestar espiritual.

Per a en Haw, el formatge significava simplement sentir-se segur, arribar a tenir algun dia una família afectuosa i viure en una còmoda casa al carreró Cheddar.

Per a en Hem, en canvi, significava esdevenir un Gran Formatge amb altres personetes al seu càrrec i ser el propietari d'una enorme mansió al cim del turó Camembert.

Com que el formatge era tan important per a ells, en Hem i en Haw es van passar molt de temps tractant de decidir què farien. Primer, l'únic que se'ls va acudir fou inspeccionar a fons la Central Formatgera F per assegurar-se que el formatge havia desaparegut de debò.

Mentre l'Ensum i l'Esmuny ja havien anat per feina, en Hem i en Haw continuaven dubtant i vacil·lant.

Van vociferar i es van queixar de com n'era, d'injust, tot allò. En Haw va començar a deprimir-se. Què farien si l'endemà tampoc no hi havia formatge? Ells havien fet molts plans per al futur basant-se en aquell formatge.

Les personetes no es podien creure que els hagués passat allò. Com havia estat possible? Ningú no les havia avisat. No era just. Se suposava que aquella mena de coses no havien de passar...

Aquell vespre, en Hem i en Haw van tornar a casa afamats i descoratjats. Però, abans de marxar de la Central Formatgera F, en Haw va escriure a la paret:

Com més important
és el formatge per a
tu, més desitges
conservar-lo.

L'endemà, en Hem i en Haw van sortir de casa i van tornar a la Central Formatgera F, on esperaven trobar, d'una manera o altra, *el seu* formatge.

La situació no havia canviat: continuava sense haver-hi formatge. En Hem i en Haw no sabien què fer. Es van quedar paralitzats, immòbils com dues estàtues.

En Haw va tancar els ulls tan fort com va poder i es va posar les mans sobre les orelles. Desitjava desconnectar-se de tot. No volia reconèixer que les existències de formatge havien anat disminuint gradualment. Ell creia que havien desaparegut de sobte.

En Hem va analitzar la situació un cop i un altre, i finalment, el seu complicat cervell, amb el seu immens sistema de creences, va començar a funcionar.

—Per què m'han fet això? —es va preguntar—. Què hi passa aquí?

Aleshores, en Haw va obrir els ulls, va mirar al seu voltant i va dir:

—Per cert, on són l'Ensum i l'Esmuny? Creus que deuen saber alguna cosa que nosaltres no sabem?

—Què vols que sàpiguen? —va dir en Hem en un to burleta—. Només són ratolins i responen instintivament al que passa. Nosaltres som personetes. Som més intel·ligents que els ratolins. Hauríem de ser capaços de resoldre el problema.

—Ja sé que som més intel·ligents que els ratolins —va respondre en Haw—, però ara no sembla que actuem d'una manera gaire intel·ligent. Mira, Hem, les coses han canviat al nostre voltant. Potser hauríem de canviar nosaltres també i actuar d'una altra manera.

—Per quina raó hauríem de canviar? —va preguntar en Hem—. Som personetes. Som especials. Aquesta mena de coses no ens haurien de passar, a nosaltres, i si ens passen, almenys n'hauríem de treure alguna compensació.

—Per què n'hauríem de treure una compensació? —va preguntar en Haw.

—Perquè en tenim el dret —va declarar en Hem.

—El dret a què? —va voler saber en Haw.

—El dret al nostre formatge.

—Per què? —va preguntar en Haw.

—Perquè aquest problema no l'hem provocat nosaltres —va respondre en Hem—. Algú altre n'és el responsable, i nosaltres n'hem de treure algun profit.

—Potser hauríem de deixar d'analitzar la

situació i posar-nos a buscar un altre formatge —va suggerir en Haw.

—Ah, no —va contestar en Hem—. Penso arribar fins al fons de la qüestió.

Mentre en Hem i en Haw continuaven tractant de decidir el que farien, l'Ensum i l'Esmuny ja havien fet molt de camí. Havien recorregut uns quants passadissos del laberint, tot buscant formatge a cadascuna de les centrals formatgeres que hi descobrien.

Només pensaven a trobar formatge.

Durant un temps, la seva recerca fou infructuosa, fins que un dia van arribar a una zona del laberint on no havien estat mai abans: la Central Formatgera N.

Quan hi van entrar, van xisclar d'alegria. Havien trobat el que buscaven: una gran provisió de formatge.

No es podien creure el que veien. Era la quantitat més gran de formatge que els ratolins havien vist mai.

Mentrestant, en Hem i en Haw continuaven a la Central Formatgera F, evaluant la seva situació. Començaven a patir els efectes de la manca de formatge. Se sentien frustrats i enrabiats, i es culpaven l'un a l'altre de la situació en què es trobaven.

De tant en tant, en Haw pensava en els

seus amics els ratolins, l'Ensum i l'Esmuny, i es preguntava si ja haurien trobat formatge. Pensava que segurament passaven per moments difícils, perquè córrer pel laberint sempre implicava incertesa, però també sabia que no la ballarien magra gaire temps.

De vegades, en Haw s'imaginava l'Ensum i l'Esmuny trobant formatge i assaborint-lo. Pensava que a ell també li aniria molt bé sortir a l'aventura pel laberint i trobar-hi formatge. Gairebé en podia sentir el gust a la boca.

Com més clara era la imatge que en Haw tenia d'ell mateix trobant formatge i assaborint-lo, més ganes tenia d'abandonar la Central Formatgera F.

—Anem-nos-en! —va exclamar un dia tot de sobte.

—No —va respondre en Hem ràpidament—. M'agrada això. És còmode. És el que conec. A més, sortir a fora és perillós.

—No ho és pas —va afirmar en Haw—. Ja hem recorregut moltes zones del laberint, i ho podem tornar a fer.

—Sóc massa vell per a fer això —va dir en Hem—. I em fa por i no em ve gens de gust perdre'm o fer el ximple. Perquè és exactament això el que et passarà.

Aquestes paraules van fer que en Haw

tornés a tenir por de fracassar, i la seva esperança de trobar un nou formatge es va esvair.

Així doncs, en Hem i en Haw van continuar fent cada dia el mateix que havien fet fins aleshores: anar a la Central Formatgera F, no trobar-hi formatge i tornar a casa amb la càrrega de les seves preocupacions i frustracions.

Van tractar de negar el que passava, però cada cop els costava més adormir-se, i cada dia en llevar-se tenien menys energia i estaven més irritables.

Les seves respectives cases no eren el lloc acollidor que havien estat. Les personetes patien d'insomni, i quan aconseguien adormir-se, tenien malsons en els quals no trobaven formatge de cap de les maneres.

Tanmateix, en Hem i en Haw tornaven cada dia a la Central Formatgera F i esperaven.

—Mira, Haw —va dir en Hem un vespre—, si ens hi esforcem una mica, potser descobrirem que en realitat les coses no han canviat tant com sembla. És probable que hi hagi formatge aquí a prop. Potser és amagat rere la paret.

L'endemà, en Hem i en Haw van tornar a la Central Formatgera F amb algunes eines. En Hem va subjectar el cisell mentre en Haw hi picava amb el martell per fer un forat a la paret. Un cop fet, van mirar-hi a dins, però allà no hi havia formatge.

Es van sentir decebuts, però encara creien que d'aquella manera podrien solucionar el problema. Per això, cada dia anaven més d'hora a la Central Formatgera F i en marxaven més tard, i es passaven totes aquelles hores picant la paret, però l'únic que van aconseguir fou fer-hi un enorme forat.

En Haw va començar a comprendre la diferència entre activitat i productivitat.

—Potser —va dir en Hem— l'únic que hem de fer és seure i veure què passa. Tard o d'hora, hauran de tornar a posar-hi formatge.

En Haw volia creure-se'l, de manera que cada vespre se n'anava a casa a descansar i l'endemà tornava a la Central Formatgera F amb en Hem, a contracor. Però el formatge no reapareixia.

Les personetes estaven cada cop més febles a causa de la fam i l'estrès. En Haw ja estava fart d'esperar que la situació millorés. Començava a veure que com més temps estiguessin privats de formatge, pitjor es trobarien.

Sabia que estaven a punt d'arribar al límit.

Finalment, un dia va començar a riure's d'ell mateix.

«Mira't, Haw, mira't —es deia—. Cada dia faig el mateix, un cop i un altre, i em pregunto per què les coses no milloren. Si això no fos tan ridícul, seria fins i tot divertit.»

No li agradava la idea d'haver de córrer de nou pel laberint, perquè sabia que es perdria i ignorava on havia d'anar a buscar formatge, però es va riure de la seva estupidesa quan es va adonar de com el feia actuar la por.

Aleshores en Haw va preguntar a en Hem:

—On vas deixar els xandalls i les sabatilles esportives?

Van trigar molt de temps a trobar-los, perquè quan van descobrir el formatge a la Central Formatgera F, els van entaforar al fons de tot pensant que no els tornarien a necessitar mai més.

Quan en Hem va veure que el seu amic es posava el xandall, li va preguntar:

—De debò penses ficar-te un altre cop al laberint? Per què no et quedes aquí amb mi a esperar que ens tornin el formatge?

—Senzillament perquè no ho vull fer —li va respondre en Haw—. Jo tampoc no ho volia veure, però ara he comprès que aquell formatge no tornarà. Ha arribat el moment de trobar-ne un de nou.

—Però, i si no n'hi ha enlloc? —va dir en Hem—. I encara que n'hi hagi, què passarà si no el trobes?

—No ho sé —fou la resposta d'en Haw.

Aquelles dues preguntes ell també se les havia fet moltíssimes vegades, i va començar a sentir un altre cop la por que el paralitzava.

Aleshores es va preguntar a ell mateix:

«On és més probable que trobi formatge, aquí o al laberint?»

Es va imaginar una escena on es veia aventurant-se pel laberint amb un gran somriure a la cara.

Aquesta imatge el va sorprendre, però també va fer que se sentís millor. Va veure mentalment que es perdia pel laberint, igual com li havia passat ja abans, però confiava que al final trobaria el nou formatge, amb totes les coses bones que implicava. Va armar-se de coratge.

Aleshores va fer servir la imaginació per crear l'escena més creïble que va poder, amb detalls molt realistes, en la qual es veia a ell mateix trobant el nou formatge i assaborint-lo amb fruïció.

Es veia menjant un formatge suís ple de

forats, un cheddar de color carbassa i formatges americans, i també la mozzarella italiana i el camembert francès, i també...

Llavors va sentir que en Hem deia alguna cosa i va comprendre que volia que es quedessin tots dos a la Central Formatgera F.

—De vegades, Hem —va dir en Haw—, les coses canvien i ja no tornen a ser com abans. És el que passa ara. Així és la vida! La vida es mou, i nosaltres hem de fer el mateix: moure'ns.

En Haw va mirar el seu demacrat company i va tractar de parlar-hi enraonadament, però la por d'en Hem s'havia convertit en ràbia i no el va voler escoltar.

En Haw no volia ser rude amb el seu amic; tanmateix, no va poder evitar de riure's de com n'havien estat, de rucs, tots dos.

Mentre es preparava per anar-se'n, va començar a sentir-se més viu, en adonar-se que finalment era capaç de riure's d'ell mateix i posar-se en marxa.

—Ha arribat el moment de tornar al laberint! —va anunciar tot rient.

En Hem no va riure i tampoc no va dir res.

En Haw va agafar una pedra petita i punxeguda i va escriure un seriós pensament a la paret, perquè en Hem hi rumiés. Com era el seu costum, va dibuixar la silueta d'un tros de formatge al voltant de les paraules, amb l'esperança que això fes somriure al seu amic i l'animés a acompanyar-lo en cerca del nou formatge, però en Hem ni tan sols va voler mirar el que havia escrit, que deia:

Si no canvies,
t'extingeixes.

Aleshores, en Haw va treure el cap al laberint i el va observar amb inquietud. Va pensar en com havia arribat a aquella situació de manca de formatge.

Havia cregut que no hi devia haver més formatge al laberint, o que si n'hi havia no el podria trobar. Aquelles creences plenes de por l'havien mantingut immobilitzat i es pot dir que gairebé l'havien dut a la mort.

Va somriure. Sabia que en Hem es preguntava: «Qui s'ha endut el meu formatge?», però el que ell es preguntava era: «Per què no em vaig posar en marxa abans? Per què no em vaig moure quan es va moure el formatge?».

Mentre s'endinsava al laberint, en Haw va mirar enrere, conscient de la comoditat del lloc que abandonava, i es va sentir atret de nou per aquell entorn conegut, encara que fes tant de temps que no hi trobava formatge.

Se sentia cada cop més angoixat i es preguntava si realment volia tornar a endinsar-se al laberint. Aleshores va escriure una frase a la paret que tenia al davant i es va quedar una estona mirant-la:

Què faries si no
tinguessis por?

Hi va rumiar detingudament.

Sabia que, de vegades, tenir por és una cosa bona. Quan tems que les coses empitjoraran si no fas res, la por et pot empènyer a l'acció. Però quan estàs tan espantat que això t'impedeix d'actuar, la por és una mala cosa.

Va mirar cap a la dreta, envers una zona del laberint on no havia estat mai, i va sentir por.

Aleshores, va respirar profundament i va començar a caminar a poc a poc cap aquella zona desconeguda.

Mentre tractava de trobar el bon camí, allò que el preocupava al principi era que potser s'havia quedat massa temps esperant a la Central Formatgera F. Feia tants dies que no menjava formatge, que se sentia molt feble. Caminar pel laberint li exigia més temps i esforç del que era habitual abans. Va decidir que si algun altre cop li arribava a passar una cosa semblant, abandonaria la seva zona de comoditat i s'adaptaria al canvi més de pressa. Això facilitaria les coses.

«Val més tard que mai», es va dir amb un feble somriure.

Durant els dies següents, en Haw va trobar una mica de formatge aquí i allà, però res que durés gaire temps. Esperava trobar-ne una bona quantitat per dur-ne una mica a en Hem i animar-lo a recórrer amb ell el laberint.

Tanmateix, en Haw encara no havia recuperat la confiança en ell mateix. Va haver d'admetre que es desorientava al laberint. Tot semblava haver canviat des de la darrera vegada que hi havia estat.

Justament quan li semblava haver trobat la direcció correcta, es perdia als passadissos. Era com si fes dues passes cap endavant i una cap enrere. Es tractava d'un bon repte, però també havia d'admetre que tornar a recórrer el laberint en cerca de formatge no era una cosa tan terrible com havia temut.

A mesura que el temps passava, va començar a preguntar-se si era una actitud realista esperar de trobar un nou formatge. I si era més del que podia pair? De seguida es va posar a riure, en adonar-se que no hi havia res que pogués pair en aquells moments.

Cada cop que es començava a desanimar, es recordava a ell mateix que allò que feia, encara que de moment li resultés tan incòmode, era molt millor que quedar-se esperant sense fer res i sense formatge. Havia assumit el control de la situació en lloc de simplement deixar que les coses s'esdevinguessin.

Després va pensar que si l'Ensum i l'Esmuny podien continuar buscant, ell també n'era capaç.

Més tard, en Haw va recordar com havien anat les coses, i va comprendre que el formatge de la Central Formatgera F no havia desaparegut de cop i volta, com ell havia cregut. S'havia anat reduint de mica en mica, i al final ja n'hi havia molt poc, i a més, no tenia tan bon gust.

Potser el formatge havia començat a florir-se i ell no se n'havia adonat. Tanmateix, va haver d'admetre que si hagués volgut, hauria vist el que passava. Però no ho va voler veure.

En aquell moment va comprendre que el canvi probablement no l'hauria agafat per sorpresa si hagués notat que s'anava produint a poc a poc i hagués previst el que passaria. Potser això és el que havien fet l'Ensum i l'Esmuny.

Va decidir que estaria més alerta a partir d'aleshores. Veuria a venir els canvis i els esperaria. Confiaria en els seus instints per adonar-se que el canvi es produïa, i s'hi adaptaria ràpidament.

Es va aturar per descansar i va escriure a la paret del laberint:

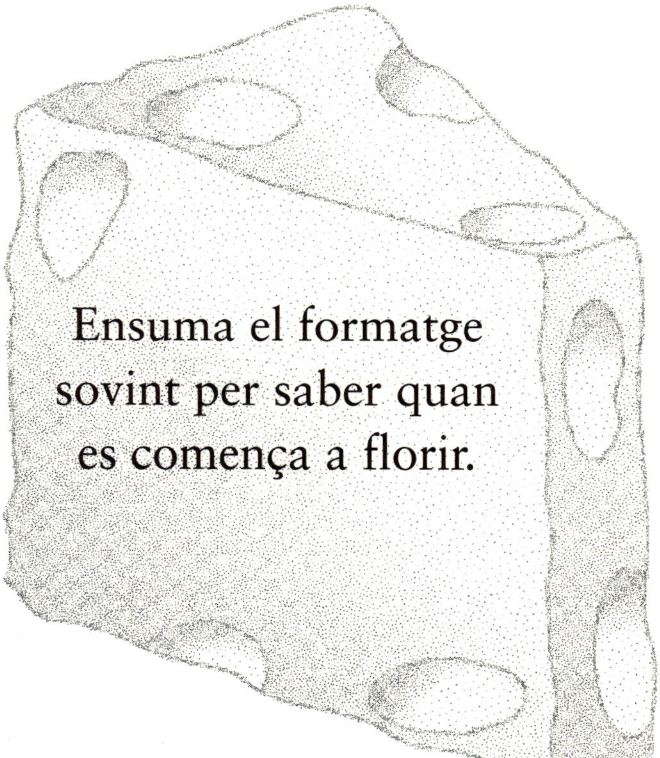

Ensuma el formatge
sovint per saber quan
es comença a florir.

Finalment un dia, quan feia molt de temps —o això li semblava a ell— que cercava formatge sense trobar-ne, va topar amb una gran Central Formatgera que prometia. Però quan hi va entrar, es va sentir molt decebut en descobrir que era buida.

«Ja he tingut aquesta sensació de buidor massa sovint», va pensar, i li van venir ganes de deixar-ho córrer.

Començava a perdre forces. Sabia que estava perdut i tenia por de no sobreviure. Va pensar a tornar a la Central Formatgera F. Almenys, si ho aconseguia i en Hem encara hi era, no se sentiria tan sol. Aleshores es va fer la mateixa pregunta que s'havia fet quan es va endinsar al laberint: «Què faries si no tinguessis por?».

Es creia que havia superat la por, però estava espantat més sovint del que volia admetre, fins i tot al seu interior. No sempre estava segur de què era el que li feia por; tanmateix, en aquell estat de debilitat en què es trobava, va saber que el que li feia por era simplement continuar avançant sol. Sense adonar-se'n, es quedava enrere a causa del pes de les seves pors.

Es va preguntar si en Hem s'hauria posat també en marxa o continuaria paralitzat per les seves pròpies pors. Aleshores, en Haw va recordar les vegades que s'havia sentit millor al laberint. Sempre era quan es movia.

Va escriure una frase a la paret, conscient de que no només era un recordatori per a ell mateix, sinó també un senyal per si el seu amic es decidia a seguir-lo:

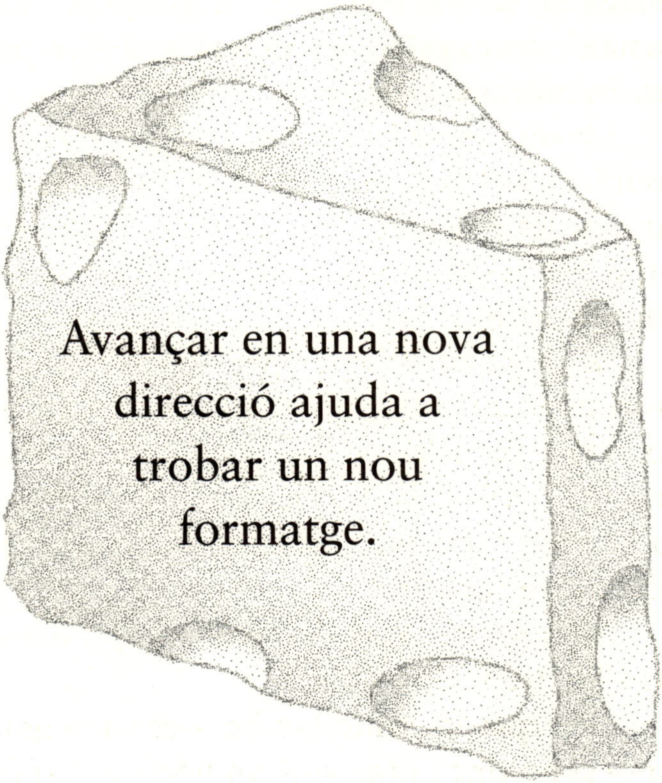
Avançar en una nova
direcció ajuda a
trobar un nou
formatge.

En Haw va mirar el fosc passadís que tenia al davant, i va ser plenament conscient de la por que sentia. Què l'esperava allà dins? Seria buit? O pitjor encara: Hi hauria perills amagats? Es va començar a imaginar tota mena de coses esfereïdores que li podien passar. Es moria de por.

Llavors es va riure d'ell mateix. Va comprendre que l'únic que feia la seva por era empitjorar les coses. Per això va fer el que hauria fet si no hagués tingut por: avançar en una nova direcció.

Es va posar a córrer per aquell fosc passadís amb un somriure als llavis. Encara no ho sabia, però havia descobert allò que nodria la seva ànima. Se sentia lliure i confiava en el que l'esperava, encara que no sapigués exactament què era.

Amb gran sorpresa, va començar a passar-s'ho cada cop millor.

«Per què em sento tan bé —es va preguntar— si no tinc ni tan sols un bocí de formatge ni sé cap a on vaig?»

No va trigar a comprendre per què se sentia tan bé.

I es va aturar per escriure una altra frase a la paret:

Quan deixes enrere
la por, et sents lliure.

En Haw va comprendre que havia estat presoner de la seva pròpia por. El fet d'avançar en una nova direcció l'havia alliberat.

Aleshores va sentir la fresca brisa que bufava en aquella part del laberint i li va semblar molt estimulant. Va respirar profundament unes quantes vegades i es va sentir vivificat. Després d'haver deixat enrere la por, tot s'havia tornat més agradable del que mai havia cregut possible.

Feia molt de temps que no se sentia d'aquella manera. Gairebé havia oblidat com n'era, de divertit, anar a buscar formatge.

Perquè tot anés encara millor, en Haw va començar a dibuixar un altre cop una escena a la seva ment. Es veia, amb tot detall i un gran realisme, assegut al mig d'una pila dels seus formatges preferits, des del cheddar fins al brie. Va veure com menjava bocins de tots els formatges que li agradaven, i va gaudir plenament del que veia. Després es va imaginar amb quina fruïció els assaboria.

Com més clarament es veia assaborint el nou formatge, més real i creïble es tornava aquest. Tenia la forta sensació que estava a punt de trobar-lo.

Aleshores va escriure a la paret:

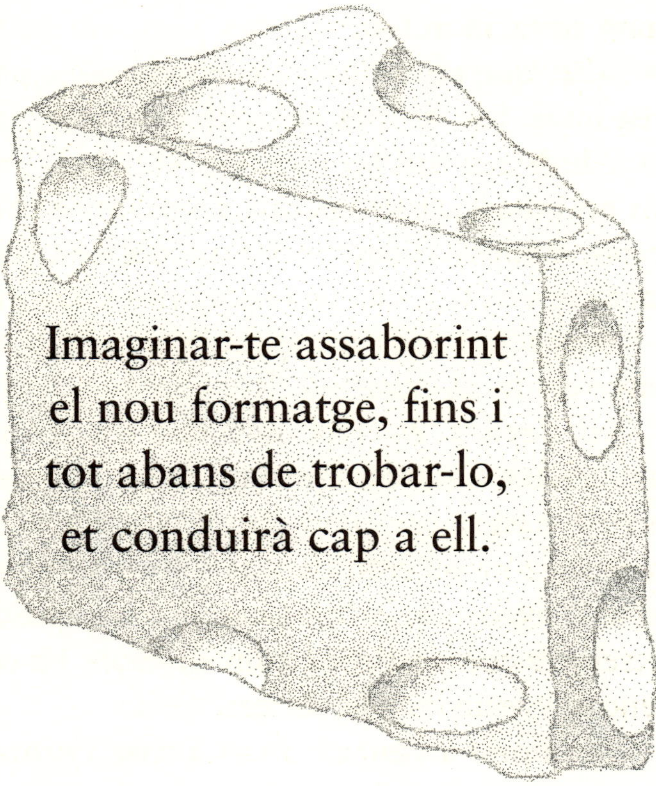
Imaginar-te assaborint
el nou formatge, fins i
tot abans de trobar-lo,
et conduirà cap a ell.

En Haw es va posar a pensar en el que podria guanyar en lloc de centrar-se en el que podria perdre.

Es va preguntar per què sempre havia cregut que els canvis condueixen a una situació pitjor. Ara comprenia que podien conduir a una situació millor.

«Per què no ho havia vist abans?», es va preguntar.

Aleshores es va posar a córrer pel laberint amb molta més energia i agilitat. Al cap de poc temps va descobrir una Central Formatgera, i es va il·lusionar quan va veure que hi havia a l'entrada uns petits bocins de formatge de diverses menes.

Hi havia uns tipus de formatge que no havia tastat mai, però que tenien molt bon aspecte. Els va tastar i li van semblar deliciosos. Va menjar-ne gairebé de tots, i se'n va guardar uns trossets a la butxaca per a més tard i potser per compartir-los amb en Hem. Va començar a recuperar les forces.

Aleshores va entrar a la Central Formatgera, molt excitat. Però, amb consternació, va descobrir que era buida. Algú hi havia estat abans i només havia deixat aquells petits bocins de formatge que en Haw havia trobat a l'entrada.

Va comprendre que si s'hagués posat en marxa abans, molt probablement hi hauria trobat una bona quantitat d'aquell nou formatge.

En Haw va decidir tornar enrere per veure si en Hem estava preparat per acompanyar-lo.

Mentre tornava sobre els seus passos, es va aturar per escriure a la paret:

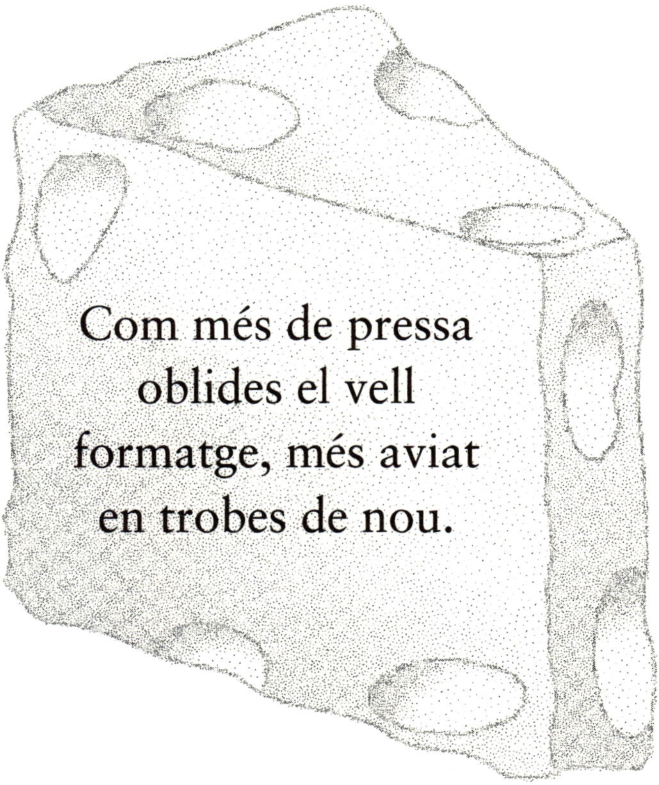

Com més de pressa
oblides el vell
formatge, més aviat
en trobes de nou.

Al cap d'un temps, en Haw va arribar a la Central Formatgera F i hi va trobar en Hem. Li va oferir els trossets del nou formatge que duia a la butxaca, però el seu amic no els va voler.

En Hem li va agrair el gest, però li va dir:

—No crec que m'agradi aquest nou formatge. No hi estic acostumat. Jo vull que torni *el meu* formatge, i no canviaré d'actitud fins que això passi.

En Haw va moure el cap decebut, i a contracor va tornar a sortir sol. Mentre es dirigia de nou envers el punt més allunyat del laberint a on havia arribat, enyorava el seu amic, però també li agradava el que anava descobrint. Fins i tot abans de trobar el que esperava que fossin unes grans existències de formatge, si és que ho arribava a trobar, sabia que allò que el feia feliç no era només tenir formatge.

Era feliç perquè la por ja no el dominava, i li agradava el que feia en aquells moments.

Sabent això, no se sentia tan feble com quan era a la Central Formatgera F i ja s'havia acabat el formatge. El sol fet de saber que no permetria que la por el paralitzés i que havia pres una nova direcció el nodria i li donava forces.

Aleshores va comprendre que trobar el que li calia era només una qüestió de temps. De fet, sentia que ja havia trobat el que buscava.

Va somriure i va escriure a la paret:

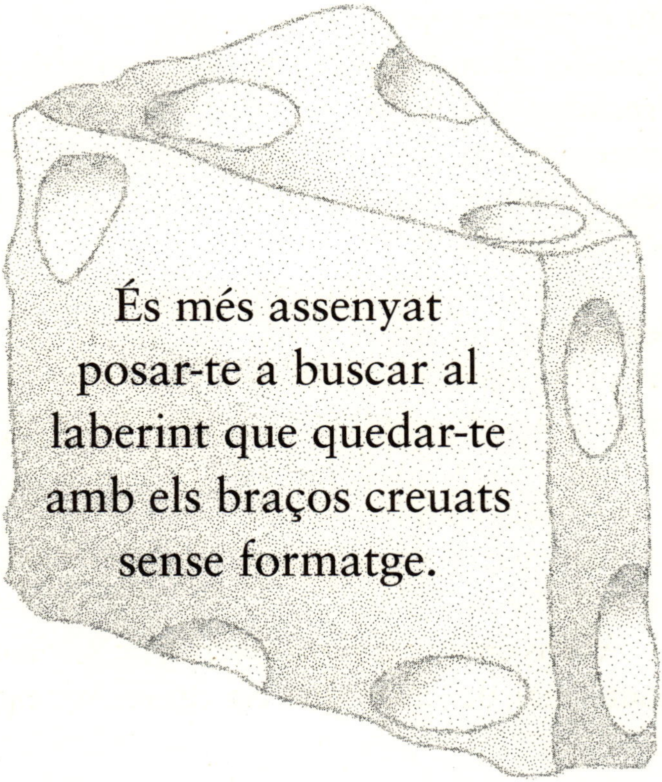

És més assenyat
posar-te a buscar al
laberint que quedar-te
amb els braços creuats
sense formatge.

En Haw va comprendre de nou, com ja havia fet abans, que allò que ens fa por mai no és tan dolent com ens imaginem. La por que deixem que creixi a la nostra ment és pitjor que la situació real.

Havia tingut tanta por de no trobar el nou formatge que ni tan sols s'havia atrevit a cercar-lo. Tanmateix, des que havia començat a recórrer el laberint, havia trobat prou formatge per a sobreviure. I esperava trobar-ne més. Només el fet de mirar endavant ja era molt estimulant.

La seva antiga manera de pensar estava plena de pors i preocupacions. Solia creure que no hi hauria prou formatge o que no li duraria tant de temps com voldria. Solia pensar més en el que podia anar malament que en el que podia anar bé.

Però això havia canviat des que va abandonar la Central Formatgera F.

Abans creia que el formatge no s'havia de moure mai de lloc i que els canvis no eren bons.

Ara comprenia que era un fet natural que es produïssin canvis constantment, tant si hom se'ls espera com si no. Els canvis només ens poden sorprendre si no ens els esperem ni hi comptem.

Quan es va adonar que les seves creences havien canviat, va fer una pausa per escriure a la paret:

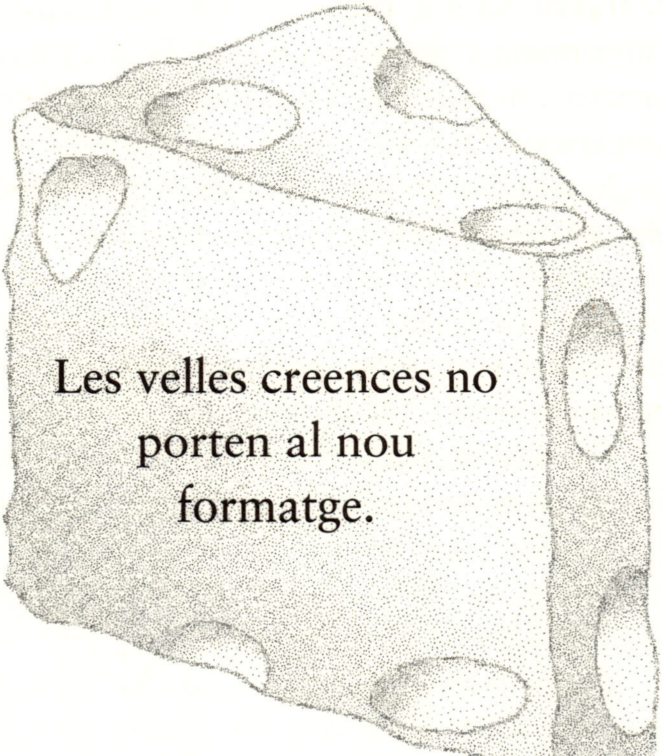

En Haw encara no havia trobat una bona provisió de formatge, però mentre corria pel laberint, pensava en tot el que havia après fins aleshores.

Va comprendre que les noves creences fomentaven nous comportaments. Ara actuava d'una manera diferent de com ho feia quan tornava un dia rere l'altre a una central formatgera buida.

Es va adonar que quan canviem de creences, canviem també de forma d'actuar.

Podem creure que un canvi ens resultarà perjudicial i resistir-nos-hi. O podem creure que trobar el nou formatge ens ajudarà i acceptar el canvi.

Tot depèn del que escollim de creure.

En Haw va escriure a la paret:

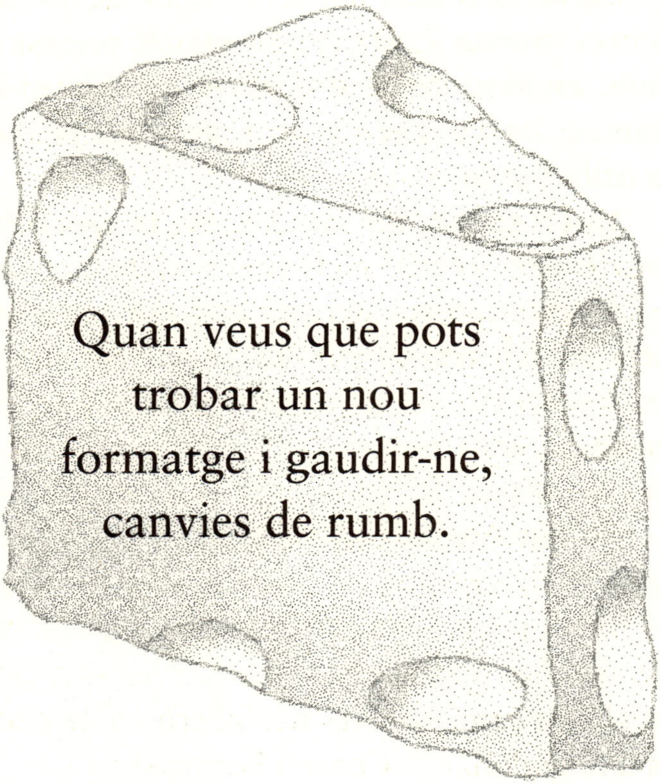
Quan veus que pots
trobar un nou
formatge i gaudir-ne,
canvies de rumb.

Sabia que, si hagués acceptat abans el canvi i hagués abandonat de seguida la Central Formatgera F, ara es trobaria molt millor. Se sentiria més fort físicament i anímicament, i s'hauria enfrontat millor al repte de trobar un nou formatge. De fet, si hagués previst el canvi, en lloc de perdre el temps negant-lo quan ja s'havia produït, probablement ja hauria trobat el formatge.

Va fer servir una altra vegada la seva imaginació per veure's trobant el nou formatge i assaborint-lo. I va decidir endinsar-se a les parts del laberint que li eren més desconegudes. Va trobar bocins de formatge per aquí i per allà, i va començar a recuperar les forces i la confiança.

Mentre pensava en el camí que havia recorregut fins aleshores, es va alegrar d'haver escrit frases a la paret en diversos llocs. Confiava que aquelles frases servirien a en Hem per trobar el bon camí a través del laberint si es decidia a abandonar la Central Formatgera F.

En Haw tenia l'esperança que agafés la direcció correcta. Pensava en la possibilitat que en Hem llegís els missatges que havia deixat escrits a les parets i trobés el bon camí.

Aleshores en va escriure un altre, que expressava allò que ell feia temps que pensava:

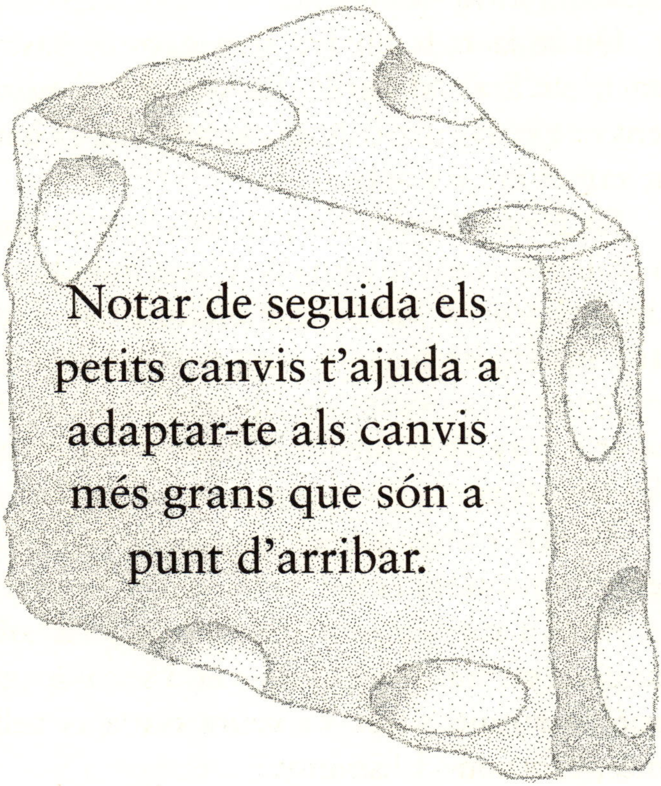

Notar de seguida els petits canvis t'ajuda a adaptar-te als canvis més grans que són a punt d'arribar.

Aleshores, en Haw ja s'havia alliberat del passat i s'anava adaptant al present.

Va continuar avançant pel laberint amb més energia i rapidesa. I al cap de poc temps, el que esperava va succeir.

Quan ja li semblava que s'havia passat tota la vida al laberint, el seu viatge —o almenys aquella part del seu viatge— es va acabar ràpidament i feliçment.

En Haw va avançar per un passadís que no coneixia, i al darrera d'una cantonada, va trobar el nou formatge que cercava a la Central Formatgera N.

Quan hi va entrar, el que va veure el va deixar astorat. Hi havia pertot arreu enormes piles de formatge, les més grans que havia vist mai. No els va reconèixer tots, perquè alguns eren totalment nous per a ell.

Per un moment, es va preguntar si allò era real o només el producte de la seva imaginació, però aleshores va veure els seus vells amics, l'Ensum i l'Esmuny.

L'Ensum li va donar la benvinguda amb un moviment del cap, i l'Esmuny el va saludar amb la pota. Les seves grasses panxetes revelaven que feia temps que eren allà.

En Haw també els va saludar i de seguida es va posar a assaborir els seus formatges preferits. Es va treure les sabatilles esportives, les va lligar juntes i se les va penjar del coll per si les tornava a necessitar. L'Ensum i l'Esmuny somreien i movien el cap en senyal d'admiració. Aleshores en Haw es va dedicar a gaudir del nou formatge. Quan ja n'havia menjat fins afartar-se, en va agafar un bocí i el va alçar com si brindés.

—Pel canvi! —va dir alegrement.

Mentre assaboria aquell nou formatge, pensava en tot el que havia après.

Es va adonar que, quan li feien por els canvis, s'aferrava a la il·lusió d'un formatge vell que ja no existia.

Què l'havia fet canviar? La por de morir-se de gana? En Haw va somriure com si pensar en això certament l'ajudés.

Llavors es va posar a riure i es va adonar que havia començat a canviar tan bon punt va aprendre a riure's d'ell mateix i de tot el que havia fet malament. Va comprendre que la manera més ràpida de canviar és riure's de la pròpia estupidesa. Després, ja ets lliure i pots avançar ràpidament.

Sabia que havia après una cosa molt útil de l'Ensum i l'Esmuny, els seus amics els ratolins, sobre el fet d'avançar ràpidament. Ells duien una vida simple. No feien profundes anàlisis ni complicaven excessivament les coses. Quan el formatge es va moure de lloc i la situació va canviar, ells es van moure amb el formatge. En Haw es va prometre que ho recordaria sempre.

Aleshores va tornar a utilitzar el seu meravellós cervell per fer allò que les personetes fan millor que els ratolins.

Es va visualitzar, amb tots els detalls i de la manera més realista possible, trobant una cosa encara millor, molt millor.

Va reflexionar sobre els errors que havia comès en el passat i els va fer servir per planejar el seu futur. Sabia que tots podem aprendre a afrontar els canvis.

Podem ser més conscients de la necessitat de mantenir les coses simples, ser més flexibles i moure'ns ràpidament.

No ens serveix de res complicar les coses ni confondre'ns a nosaltres mateixos amb creences plenes de por.

Si veiem quan es comencen a produir els canvis petits, estarem més preparats per als grans canvis que poden arribar.

En Haw sabia que li calia adaptar-se ben de pressa, perquè si no ho feia en el moment adequat, potser no ho podria fer mai.

Va haver d'admetre que el més gran inhibidor dels canvis resideix al nostre interior, i que res no millora en la nostra vida fins que *nosaltres* canviem.

Però va comprendre una cosa encara més important: Sempre hi ha un nou formatge allà fora, independentment que el reconeguis al moment o no. I et veus recompensat amb aquest formatge quan superes les teves pors i gaudeixes de l'aventura.

En Haw sabia que cal respectar la por, perquè t'allunya dels perills reals. Però també s'havia adonat que gairebé totes les seves pors eren irracionals i l'havien apartat del canvi quan el que realment li calia era canviar.

No li havia agradat gens que les coses canviessin, però ara sabia que això havia estat una benedicció, perquè l'havia dut a trobar un formatge millor.

Fins i tot havia trobat una part millor d'ell mateix.

Mentre repassava tot el que havia après, en Haw es va recordar del seu amic Hem. Es va preguntar si hauria llegit algunes de les frases que ell havia escrit a les parets de la Central Formatgera F i del laberint.

Hauria decidit alliberar-se de la por i posar-se en marxa? S'hauria endinsat al laberint i hauria descobert que la seva vida podia ser millor?

O continuaria paralitzat al mateix lloc per no voler canviar?

En Haw va pensar en la possibilitat de tornar a la Central Formatgera F i veure si en Hem encara hi era, suposant que trobés el camí que hi duia. Pensava que, si parlava amb ell, podria ensenyar-li com sortir de la seva difícil situació. Però després va recordar que ja ho havia intentat abans sense èxit.

En Hem havia de trobar el seu propi camí, prescindint de les comoditats i superant les seves pors. Ningú no ho podia fer per ell, ni tampoc no el podia convèncer que ho fes. D'una manera o altra, era ell qui havia de veure els avantatges de canviar.

En Haw sabia que havia deixat un bon rastre pel camí, un rastre que en Hem podia seguir. L'únic que havia de fer era llegir les frases que ell havia escrit a les parets.

Es va dirigir cap a la paret més gran de la Central Formatgera N i hi va escriure un resum de tot el que havia après. Després, al voltant de totes aquelles idees intuïtives que se li havien anat fent evidents, hi va dibuixar la silueta d'un enorme tros de formatge, i va somriure en veure tot el que havia après:

Els canvis s'esdevenen
El formatge es mou constantment

Preveu el canvi
Estigues preparat per a quan es mogui el formatge

Controla el canvi
Ensuma el formatge sovint per saber si ha començat a florir-se

Adapta't al canvi ràpidament
Com més de pressa t'oblidis del vell formatge, més aviat podràs assaborir el nou.

Canvia
Mou-te quan es mogui el formatge

Gaudeix del canvi!
Assaboreix l'aventura i gaudeix del nou formatge

Prepara't per canviar ràpidament i gaudir-ne un cop i un altre
El formatge es mou constantment

En Haw va pensar que havia arribat molt lluny des que es trobava a la Central Formatgera F, on s'havia quedat en Hem, però sabia que li seria fàcil tornar a cometre el mateix error si no estava atent. Així doncs, cada dia inspeccionava la Central Formatgera N per veure com estava el formatge. Faria tot el que pogués per evitar que el canvi l'agafés per sorpresa.

Encara hi havia molt de formatge, però en Haw sortia sovint al laberint i n'explorava altres zones per estar en contacte amb el que passava al seu voltant. Sabia que era més assenyat estar al corrent de les seves possibilitats reals que aïllar-se en la seva zona de comoditat.

De sobte, li va semblar sentir alguna cosa que es movia al laberint. El soroll era cada cop més fort, i va comprendre que algú s'acostava.

Podria ser en Hem? Seria a punt de girar la cantonada?

En Haw va resar una pregària i va esperar, com havia fet tantes altres vegades, que el seu amic finalment hagués estat capaç de...

fi...

o es tracta d'un nou principi?

El debat
Aquell mateix dia, més tard

Quan en Michael va acabar d'explicar el conte, va mirar al seu voltant i va veure que els seus amics somreien.

Alguns d'ells li van donar les gràcies i li van dir que escoltar aquell conte els havia ajudat molt.

—I si ens trobéssim més tard per comentar-lo? —va proposar en Nathan.

Gairebé tots hi van estar d'acord, i van quedar de trobar-se per prendre alguna cosa abans de sopar.

Aquell vespre es van reunir al bar d'un hotel. Van començar a fer broma sobre quin era el «formatge» de cadascú, i es reien imaginant-se corrent pel laberint.

Aleshores l'Angela va preguntar:

—Quin personatge del conte seríeu? L'Ensum, l'Esmuny, en Hem o en Haw?

—Bé, aquesta tarda hi he rumiat —va respondre en Carlos—. I he recordat clarament que, abans de tenir la botiga d'articles esportius, vaig tenir un dur encontre amb el canvi.

»No vaig ser com l'Ensum, perquè no em vaig ensumar el canvi, no el vaig veure a venir. I certament tampoc no vaig ser com l'Esmuny, perquè no em vaig posar en marxa immediatament.

»Vaig ser més aviat com en Hem, que preferia quedar-se en un territori conegut. La veritat és que no volia enfrontar-me al canvi, ni tan sols el volia veure.

En Michael, que tenia la sensació que no havia passat gaire temps des que en Carlos i ell eren amics íntims a l'institut, li va preguntar:

—A què et refereixes concretament, company?

—A un canvi inesperat de feina —va contestar en Carlos.

—Et van fer fora? —va exclamar en Michael tot rient.

—Bé, diguem que no volia sortir a buscar un nou formatge. Tenia bones raons, o almenys això creia, per pensar que no hi hauria cap canvi en la meva situació. Per això, quan el canvi es va produir, em vaig sentir molt trasbalsat.

Alguns dels altres antics companys de classe, que s'havien mantingut callats des del principi, es van començar a sentir més còmodes i es van posar també a explicar les seves experiències, com en Frank, que s'havia fet militar.

—En Hem em recorda a un amic meu —va dir—. El seu departament havia de desaparèixer, però ell no ho volia veure. De mica en mica, n'anaven traslladant el personal. Tothom tractava de fer-li entendre que hi havia grans oportunitats a l'empresa per als qui volien ser flexibles, però ell pensava que no havia de canviar. Va ser l'únic a qui va sorprendre la desaparició del departament. Ara li costa molt adaptar-se a un canvi que pensa que no s'hauria d'haver produït.

—Jo també creia que això a mi no em passaria —va dir la Jessica—, però el meu «formatge» s'ha mogut més d'un cop, especialment en la meva vida privada, però d'això ja en parlarem més tard.

Tothom va riure, llevat d'en Nathan, que va dir:

—Potser aquest sigui el punt central de la qüestió. Tots ens trobem subjectes als canvis.

M'agradaria que la meva família i jo hagués-sim escoltat abans aquest conte —va afegir—. Malauradament, no vam voler veure els canvis que eren a punt de produir-se en el nostre negoci, i ara ja és massa tard; hem hagut de tancar la major part de les botigues.

Allò va sorprendre els altres, perquè creien que en Nathan tenia la sort de ser el propietari d'una empresa segura amb la qual sempre podria comptar.

—Què va passar? —va voler saber la Jessica.

—De sobte, la nostra cadena de petites botigues va quedar antiquada quan van obrir a la ciutat uns grans magatzems, amb la seva enorme varietat de productes i els seus baixos preus. No hi podíem competir.

»Ara veig que, en lloc d'actuar com l'Ensum i l'Esmuny, ho vam fer com en Hem. Ens vam mantenir on érem i no vam canviar. Vam tractar de no fer cas del que passava, i ara tenim problemes. En Haw ens hauria pogut ensenyar un parell de lliçons, perquè certament no ens vam riure de nosaltres mateixos ni tampoc vam canviar la nostra manera de fer les coses.

La Laura, que s'havia convertit en una dona de negocis amb molt d'èxit, escoltava atentament tot el que deien els altres, fins que es va decidir a intervenir en la conversa.

—Jo també he pensat en el conte aquesta tarda —va dir—. M'he preguntat el que he de fer per assemblar-me més a en Haw, per veure el que faig malament, riure'm de mi mateixa, canviar i fer les coses millor.

»Sóc una persona curiosa —va prosseguir—. M'agradaria saber a quants de vosaltres us fa por el canvi.

Com que ningú no va respondre, la Laura va suggerir:

—Alceu la mà aquells a qui us fa por el canvi.

Només se'n va alçar una.

—Bé, sembla que almenys hi ha una persona sincera al grup —va dir la Laura—. Potser us agradi més la següent pregunta. Quants de vosaltres penseu que als altres els fa por el canvi?

Pràcticament tots van alçar la mà, i la Laura va continuar:

—Què creieu que significa això?

—Significa negació —va respondre en Nathan.

—Sens dubte —va dir en Michael—. De vegades ni tan sols som conscients que tenim por. Jo no sabia que en tenia. El primer cop que vaig escoltar el conte, el que més em va agradar fou la pregunta: «Què faries si no tinguessis por?».

—El que jo he après d'aquest conte —va dir la Jessica— és que els canvis s'esdevenen pertot arreu i que tot m'anirà millor si m'hi adapto ràpidament.

»Recordo que, fa uns anys, quan la nostra empresa venia una enciclopèdia que constava de més de vint volums, una persona ens va tractar de convèncer que havíem d'editar-la en CD-ROM i vendre-la a més bon preu. Seria molt més fàcil d'actualitzar, i com que el cost es reduiria força, molta més gent es podria permetre de comprar-la. Però nosaltres ens hi vam oposar.

—Per què us hi vau oposar? —va preguntar en Nathan.

—Perquè crèiem que l'espina dorsal de la nostra empresa era el nombrós personal de vendes, que feien una campanya porta a porta. Tots aquests venedors cobraven elevades comissions per la venda d'un producte car. Dúiem molt de temps treballant d'aquesta manera amb força èxit, i pensàvem que això duraria per sempre més.

Aleshores la Laura va dir:

—Potser a això es referia el conte en parlar de l'arrogància de l'èxit d'en Hem i en Haw. Ells no s'havien adonat que els calia canviar la seva manera de fer les coses.

—Així que pensàveu que el vostre vell formatge era l'únic adequat per a vosaltres —va dir en Nathan dirigint-se a la Jessica.

—Sí, i ens hi aferràvem. Quan hi penso retrospectivament, veig que no era només que ens haguessin «canviat de lloc el formatge», sinó que el formatge tenia vida pròpia i al final es va acabar.

»Sigui com sigui —va continuar la Jessica—, nosaltres no vam canviar, però un competidor nostre sí que ho va fer i les nostres vendes van caure en picat. Hem passat per una època molt difícil. Ara ens enfrontem a un altre gran canvi tecnològic, i no sembla que ningú de l'empresa se'n vulgui fer càrrec. Això no fa gaire bona cara. Em fa l'efecte que aviat em quedaré sense feina.

—Doncs hauràs de sortir al laberint! —va exclamar en Carlos.

Tots es van posar a riure, incloent-hi la Jessica.

—És una bona cosa que et puguis riure de tu mateixa —li va dir en Carlos.

—Això és el que jo considero més important del que diu el conte —va comentar en

Frank—. Jo tendeixo a prendre'm massa seriosament. I en Haw només va poder iniciar el canvi quan va ser capaç de riure's d'ell mateix i del seu comportament.

El grup va assentir per expressar la seva conformitat amb el que havia dit en Frank.

—Creieu que en Hem va arribar a canviar i va sortir a buscar el nou formatge? —va preguntar l'Angela.

—Jo crec que sí —va respondre l'Elaine.

—Doncs jo crec que no —va dir la Cory—. Algunes persones no canvien mai, i els surt molt car no fer-ho. Jo sóc metgessa, i molts dels meus pacients són com en Hem. Creuen que tenen dret al seu «formatge», i quan aquest es mou de lloc, se senten víctimes i en donen la culpa als altres. Aquestes persones es posen malaltes més sovint que les que s'alliberen i continuen avançant.

Aleshores en Nathan va dir molt baixet, com si parlés amb ell mateix:

—Diria que la qüestió és: «De què necessitem alliberar-nos i què ens cal per a continuar avançant?».

Durant una estona, ningú no va dir res.

—He d'admetre —va dir en Nathan finalment— que ja havia vist el que els passava a botigues com les nostres en altres parts del país, però esperava que això no ens afectés a nosaltres. Suposo que és molt millor iniciar el canvi mentre hom encara pot intentar de reaccionar i adaptar-s'hi. Potser cadascú hauria de moure el seu propi formatge.

—Què vols dir? —va preguntar en Frank.

—No puc deixar de preguntar-me on seríem avui si haguéssim venut els edificis de les nostres botigues i haguéssim construït una gran i moderna superfície comercial per competir amb els millors del sector —va respondre en Nathan.

—Potser era això el que volia dir en Haw quan va escriure a la paret: «Assaboreix l'aventura i mou-te quan es mogui el formatge» —va dir la Laura.

—Jo crec que algunes coses no haurien de canviar —va afirmar en Frank—. Per exemple, jo vull continuar aferrant-me als meus valors bàsics. Tanmateix, ara comprenc que en aquests moments estaria molt millor si hagués començat fa molt de temps a moure'm quan es movia el formatge.

—Bé, Michael, és un conte molt bonic —va dir aleshores en Richard, l'escèptic de la classe—, però com el vas aplicar en el cas concret de la teva empresa?

El grup encara no ho sabia, però en Richard s'enfrontava en aquells moments a alguns canvis. Feia poc temps que s'havia separat de la seva dona, i tractava d'equilibrar la seva carrera professional amb l'educació dels seus fills adolescents.

—Mira —va respondre en Michael—, jo pensava que la meva feina consistia només a resoldre els problemes quotidians a mesura que apareixien, quan el que hauria d'haver fet era mirar cap endavant i veure a on ens dirigíem.

»I noi, clar que vaig haver de resoldre molts problemes, les vint-i-quatre hores del dia. La cosa no era gens divertida. Em movia en un món de competència despietada i no el podia abandonar.

—O sia que et dedicaves a administrar quan el que realment et calia era dirigir —va dir la Laura.

—Això mateix —va respondre en Michael—. Aleshores, quan vaig escoltar el conte *Qui s'ha endut el meu formatge?*, vaig comprendre que la meva tasca era descriure el nou formatge que havíem de buscar, de manera que poguéssim gaudir del canvi i de l'èxit, tant al treball com a la vida privada.

—Què vas fer al treball? —va preguntar en Nathan.

—Bé, quan vaig preguntar a la gent de l'empresa en quin dels personatges del conte es veien reflectits, vaig comprovar que els teníem tots quatre, i vaig comprendre que cada persona havia de ser tractada d'una manera diferent segons que s'identifiqués amb l'Ensum, l'Esmuny, en Hem o en Haw.

»Els qui se sentien identificats amb l'Ensum podien ensumar els canvis del mercat, de manera que ens podrien ajudar a posar al dia la nostra visió empresarial. Ens estimularien a veure com els canvis ens podien conduir als nous productes i serveis que segurament els nostres clients necessitarien. Aquestes persones ens van dir que s'estimaven més treballar en un lloc que els permetés reconèixer el canvi i adaptar-s'hi al moment.

»Els qui se sentien identificats amb l'Esmuny preferien fer coses, de manera que ens animarien a actuar basant-nos en la nostra nova visió empresarial. Només els calia que algú controlés que no s'esmunyissin ràpidament en la direcció equivocada. Serien recompensats per les iniciatives que prenguessin destinades a trobar un nou formatge. S'estimaven més treballar en una empresa que valorés l'acció i els resultats.

—I què me'n dius dels qui se sentien identificats amb en Hem o en Haw? —va preguntar l'Angela.

—Malauradament, els qui s'identificaven amb en Hem eren com àncores que ens frenaven —va respondre en Michael—. Eren massa còmodes o massa porucs per a canviar. Alguns d'ells només canviaven quan els demostràvem d'una manera gràfica i assenyada que canviar els podia ser molt avantatjós.

»Ens van dir que volien treballar en un lloc segur, de manera que els canvis que calgués fer tinguessin sentit per a ells i els augmentessin la sensació de seguretat. Quan van comprendre el perill real que implicava no canviar, alguns d'ells es van decidir a fer-ho i ho van fer molt bé. La nova visió va aconseguir que moltes persones que s'identificaven amb en Hem passessin a identificar-se amb en Haw.

—Què vau fer amb els qui no van canviar? —va voler saber en Frank.

—Vam haver de prescindir-ne —va dir en Michael amb tristesa—. Volíem conservar tots els nostres empleats, però sabíem que si l'empresa no canviava amb prou rapidesa, acabaria tenint problemes.

»La bona notícia —va prosseguir— és que els qui se sentien identificats amb en Haw, que inicialment es mostraven indecisos, van obrir prou la ment per a aprendre coses noves, actuar d'una manera diferent i adaptar-se als canvis a temps per ajudar-nos a triomfar.

»Van començar a esperar els canvis i els buscaven activament. Com que comprenien la naturalesa humana, ens ajudaven a tenir una visió realista del nou formatge, una visió que feia molt bona impressió pràcticament a tothom.

»Ens van dir que volien treballar en una empresa que donés confiança a la gent i que els proporcionés les eines necessàries per a canviar. Ens ajudaven a mantenir el sentit de l'humor mentre anàvem al darrera del nostre nou formatge.

—I tot això va sortir d'un simple conte? —va comentar en Richard.

En Michael va somriure.

—No es tracta del conte, sinó del que vam fer d'una manera diferent basant-nos-hi.

—Jo sóc una mica com en Hem —va admetre l'Angela—, així que per mi la part més interessant del conte és quan en Haw es riu de les seves pròpies pors i es posa a imaginar-se una escena en la qual es veu assaborint el «nou formatge». Això fa que el fet d'endinsar-se al laberint li sembli menys terrible i més agradable. I al final acaba trobant una cosa millor. És el que jo vull fer més sovint.

—De manera que fins i tot les persones que són com en Hem poden veure de vegades els avantatges de canviar —va dir en Frank amb un gran somriure.

—Com el de conservar la feina —va afegir en Carlos tot rient.

—O fins i tot el d'aconseguir un bon augment de sou —va concloure l'Angela.

En Richard, que havia estat amb les celles arrufades durant tota la conversa, comentà:

—La meva cap no para de dir-me que la nostra empresa ha de canviar. Penso que el que realment em vol dir és que *jo* he de canviar, però em nego a fer-li cas. Suposo que no sé realment quin és el «nou formatge» que ella vol que busquem, ni tampoc quin benefici en podria treure jo.

Un lleu somriure va aparèixer fugaçment a la cara d'en Richard quan va prosseguir:

—He d'admetre que m'agrada la idea de buscar un «nou formatge» i imaginar-me a mi mateix assaborint-lo. Això ho il·lumina tot. Quan veig com pot fer que millorin les coses, m'interessa més aconseguir que el canvi es produeixi.

»Potser podria utilitzar aquesta història

en la meva vida privada —va afegir—. Els meus fills sembla que pensin que res no hauria de canviar en la seva vida. Suposo que actuen com en Hem; estan enfadats. Probablement tenen por del que els espera en el futur. Potser no els he donat una imatge realista del «nou formatge». Segurament perquè jo tampoc no la tinc, aquesta imatge.

El grup es va quedar uns instants en silenci, mentre alguns d'ells pensaven en la seva pròpia vida.

—Bé —va dir la Jessica—, gairebé tothom ha parlat de la feina, però a mi el conte m'ha fet pensar en la meva vida privada. Crec que la meva relació actual és un «vell formatge» que està ben florit.

—A mi em passa el mateix —va dir la Cory rient—. Probablement cal que em desfaci d'una mala relació.

—O potser el «vell formatge» sigui simplement el vell comportament —va intervenir l'Angela—. Del que realment cal que ens desfem és de la conducta que fa que tinguem males relacions. I després, hem d'avançar cap a una millor manera de pensar i actuar.

—Està clar! —va exclamar la Cory—. L'has encertat. El nou formatge és una nova relació amb la mateixa persona.

—Començo a veure que, d'aquest conte, se'n poden fer moltes més lectures que no pensava —va dir en Richard—. M'agrada la idea de desfer-se del vell comportament en lloc de desfer-se de la relació. Repetir la mateixa conducta donarà sempre els mateixos resultats.

»Potser, en lloc de canviar de feina, hauria de canviar la meva manera d'encarar-la. Si ho hagués fet abans, probablement ara em trobaria en una millor situació.

Aleshores, la Becky, que vivia en una altra ciutat però havia tornat per assistir a la reunió, va dir:

—Mentre escoltava el conte i els vostres comentaris, m'he hagut de riure de mi mateixa. He estat com en Hem durant molt de temps, dubtant i vacil·lant i tenint por del canvi. No m'adonava de la gran quantitat de persones a les quals els passa el mateix. Tinc por d'haver transmès als meus fills aquesta manera d'actuar sense ni tan sols saber-ho.

»Quan hi penso, comprenc que el canvi realment ens pot conduir a un lloc nou i millor, encara que en el moment que es produeix ens fa por que no sigui així.

»Recordo quan el meu fill estudiava el segon curs a l'institut. A causa de la feina del meu marit, vam haver d'abandonar Illinois i traslladar-nos a Vermont, i el nostre fill se sentia molt trist per haver de deixar els seus amics. A més, era un destacat nedador, i a l'institut de Vermont no hi havia equip de natació. Així doncs, estava molt enfadat amb nosaltres per obligar-lo a traslladar-se.

»Però resulta que es va enamorar de les muntanyes de Vermont, va aprendre a esquiar, va formar part de l'equip d'esquiadors de la universitat i ara viu feliç a Colorado.

»Si haguéssim escoltat tots junts el conte del formatge, prenent un got de llet amb cacau ben calentonet, la meva família s'hauria estalviat moltes tensions.

—Quan torni a casa, explicaré aquest conte a la meva família —va dir la Jessica—. Preguntaré als meus fills qui pensen que sóc (l'Ensum, l'Esmuny, en Hem o en Haw), i qui creuen que són ells. Podríem enraonar de quin creiem que és el vell formatge de la nostra família i esbrinar quin podria ser el nostre nou formatge.

—És una bona idea —va respondre en Richard, sorprenent tothom, fins i tot a ell mateix.

—Em sembla que seré més com en Haw —va comentar en Frank—: Em mouré quan es mogui el formatge i en gaudiré. I els explicaré el conte als meus amics que estan preocupats perquè han de deixar l'exèrcit i no saben el que aquest canvi significarà per a ells. Això pot portar a unes converses molt interessants.

—Bé, així és com nosaltres vam millorar la nostra empresa —va dir en Michael—. Vam tenir algunes converses sobre el que havíem après del conte i com aplicar-ho a la nostra pròpia situació.

»Ens va anar molt bé, perquè vam poder fer servir un llenguatge divertit per parlar de com ens enfrontàvem al canvi. Era molt efectiu, sobretot quan vam divulgar el conte d'una manera més profunda per tota l'empresa.

—A què et refereixes quan dius «d'una manera més profunda»? —va preguntar en Nathan.

—Bé, com més baixàvem en l'escala jeràrquica de la nostra empresa, més persones trobàvem que sentien que tenien molt poc poder. Era molt comprensible que tinguessin por del que el canvi imposat des de dalt podria significar per a elles. Així doncs, s'hi resistien. En poques paraules, quan el canvi s'imposa, la gent s'hi oposa.

»Però quan pràcticament tothom de

l'empresa va conèixer el conte del formatge, això ens va ajudar a canviar la nostra manera de considerar el canvi. Ens va ajudar a riure'ns de les nostres velles pors —o almenys a somriure— i a voler avançar. Tant de bo hagués conegut abans el conte del formatge —va afegir en Michael.

—Per què ho dius? —va preguntar en Carlos.

—Perquè quan finalment ens vam posar a fer els canvis necessaris, la nostra empresa ja havia arribat a un punt tan crític que vam haver de prescindir de bastants dels nostres empleats, com ja he dit abans, incloent-hi alguns bons amics meus. Va ser molt dur per a tots nosaltres. Tanmateix, els qui es van quedar i la major part dels qui van marxar em van dir que el conte del formatge els havia ajudat a veure les coses d'una manera diferent i a enfrontar-s'hi millor.

»Els qui van haver de deixar l'empresa i buscar una altra feina em van comentar que al principi ho havien trobat molt dur, però que recordar el conte els va ajudar molt.

—Què és el que més els va ajudar? —va preguntar l'Angela.

—Després d'haver superat la por —va respondre en Michael—, em van dir que el millor fou comprendre que hi havia un nou formatge allà fora que només esperava que el descobrissin.

»Em van dir que fer-se una imatge mental d'aquell nou formatge (veient-se a ells mateixos arribant lluny en una nova feina) feia que se sentissin millor, i els ajudava a tenir més confiança en ells mateixos en les entrevistes de treball. Alguns d'ells van trobar de seguida una feina millor.

—I què va passar amb la gent que es va quedar a l'empresa? —va preguntar la Laura.

—Bé —va dir en Michael—, doncs, en lloc de queixar-se dels canvis que es produïen, ara deien: «Només ens han mogut de lloc el formatge. Anem a buscar-ne un de nou». Això ens va estalviar un munt de temps i va reduir les tensions.

»Al cap de poc temps, les persones que s'havien resistit a canviar van veure els avantatges del canvi, i fins i tot van ajudar a dur-lo a terme.

—Què creus que els va fer canviar d'actitud? —va preguntar la Cory.

—Jo diria que la pressió dels companys que ja havien canviat d'actitud —va respondre en Michael, i de seguida va afegir—: Què passa a la majoria d'empreses quan la direcció anuncia un canvi? Què hi diu la major part de la gent? Que és un bona idea o una mala idea?

—Una mala idea —va contestar de seguida en Frank.

—Sí —va dir en Michael, mostrant-s'hi d'acord—. I per què?

—Perquè la gent vol que tot continuï sempre igual i pensa que els canvis són dolents, almenys en el seu cas —va respondre en Carlos—. Quan una persona diu que canviar és una mala idea, els altres diuen el mateix.

—Sí —va dir en Michael—. És possible que realment no ho creguin, això, però s'hi mostraran d'acord per encaixar en el grup. Aquesta és la mena de pressió dels companys que es resisteix als canvis, i existeix en totes les empreses.

—Van canviar molt les coses quan la gent va escoltar el conte del formatge? —va preguntar la Becky.

—La pressió dels companys va canviar, perquè ningú no volia assemblar-se a en Hem —va dir simplement en Michael.

Tots van esclafir a riure.

—Es van posar a ensumar els canvis tot avançant-s'hi, i de seguida s'esmunyien i es posaven en marxa —va continuar en Michael—, en lloc de dubtar i vacil·lar i quedar-se enrere.

—Aquest és un punt molt interessant —va dir en Nathan—. Cap dels meus empleats no voldrà assemblar-se a en Hem. Fins i tot podrien canviar d'actitud. Per què no ens vas explicar aquest conte a la reunió anterior? Això pot funcionar.

—Això funciona —el va corregir en Michael—. I sens dubte funciona de la millor manera quan tots els membres d'una organització —tant si es tracta d'una gran empresa com d'un petit negoci o una família— coneixen el conte, perquè una organització només pot canviar quan la major part dels seus membres canvien.

Aleshores, en Michael els va oferir una última idea:

—Quan vam veure que a nosaltres ens havia funcionat tan bé, vam explicar el conte a d'altres persones amb les quals volíem fer negocis i de qui sabíem que també s'enfrontaven amb canvis. Els vam suggerir que nosaltres podíem ser el seu «nou formatge», és a dir, uns socis millors per a triomfar junts. Això ens va dur a fer nous negocis.

A la Jessica li van venir al cap algunes idees i va recordar que l'endemà al matí havia de fer unes trucades relatives a unes vendes. Es va mirar el rellotge i va dir:

—Bé, ja és hora que marxi d'aquesta Central Formatgera i em posi a buscar un nou formatge.

Tots van esclafir a riure i van començar a acomiadar-se. Molts d'ells haurien volgut continuar la conversa, però havien de marxar. Abans d'anar-se'n, van agrair a en Michael un altre cop que els hagués explicat el conte.

—M'alegra molt que l'hagueu trobat tan útil —va dir ell—, i espero que aviat tingueu l'ocasió d'explicar-lo a d'altres persones.

Fi

QUI S'HA ENDUT EL MEU FORMATGE? PER A NENS

Això els agradaria saber als nostres quatre amiguets: l'Ensum, l'Esmuny, en Hem i en Haw. Viuen en un laberint molt gran i, cada matí, en recorren els passadissos per trobar allò que els fa feliços: el formatge!

Quan el troben, els sembla que en tindran per sempre fins que, un bon dia, descobreixen que ha desaparegut i, aleshores, tot canvia.

Qui s'ha endut el formatge? Elrecuperaran? O hauran de recórrer els nostres amiguets camins desconeguts i racons inexplorats per trobar-lo?

Ara, els joves lectors ja poden gaudir d'una sorprenent història que ha ensenyat a milions d'adults com afrontar els canvis en les seves vides. Qui s'ha endut el meu formatge? per a nens ajudarà els més menuts, ja des de ben petits, a entendre que el canvi no és dolent i que ens pot oferir noves oportunitats. Amb il·lustracions a tot color, ara serà més divertit que mai moure's quan es mou el formatge!

¿QUI S'HA ENDUT EL MEU FORMATGE? PER A JOVES

Vet aquí que una vegada hi havia dos ratolins i dues personetes que vivien en un laberint. Aquests quatre personatges depenien del formatge per alimentar-se i ser feliços. Com que havien trobat una cambra plena de formatge, durant un temps van viure molt contents. Però un dia el formatge va desaparèixer...

Aquesta faula simple i enginyosa ens ensenya que tot canvia i que les fórmules que ens han servit en un moment determinat poden quedar antiquades. Els seus ensenyaments s'apliquen a tots els àmbits de la vida: el «formatge» del conte representa qualsevol cosa que vulguem assolir —la felicitat, una feina, diners, amor— i el laberint és el món real, amb zones desconegudes i perilloses, carrerons sense sortida, racons foscos i cambres plenes de formatge.

Per mitjà d'una senzilla paràbola, aquest llibre ens ofereix valuosos ensenyaments per entendre un món que es mou a un ritme cada cop més accelerat. De fet, es tracta d'un curset ràpid d'adaptació al canvi en tots els àmbits de l'existència que ha estat molt útil per a grans i petites empreses i que pot servir per portar una nova llum a qualsevol problema.